[칠십 년의 여정]
서사와 서정 사이

[칠십 년의 여정] 서사와 서정 사이

초판 1쇄 인쇄　2025년 06월 25일
초판 1쇄 발행　2025년 07월 01일

지은이	이수인
펴낸이	이춘원
펴낸곳	책이있는마을
기 획	강영길
편 집	이서정
디자인	Do'soo
마케팅	강영길
주 소	경기도 고양시 일산동구 무궁화로120번길 40-14 (정발산동)
전 화	(031) 911-8017
팩 스	(031) 911-8018
이메일	bookvillagekr@hanmail.net
등록일	1997년 12월 26일
등록번호	제10-1532호

ISBN 978-89-5639-361-2(03810)

책값은 책표지 뒤에 있습니다.
이 책은 책이있는마을이 저작권자와의 계약에 따라 발행한 것이므로 저작권법에 따라 무단 전재와 복제를 금합니다.

[칠십 년의 여정]
서사와 서정 사이

이수인 지음

프롤로그

순례자의 길

내 걸어온 삶이 순례길이다

모든 사람이 살아온 길

모든 사람이 걸어온 삶

이것이 순례자의 길이다

이수인 석민

아내 이수인의 일곱 번째 시집을 축하하며

아내는 시를 쓰는 시인이다

용혜원

목련꽃 같은 아내가
얼굴 한가득 밝게 웃으면
보고만 있어도 좋고 마음이 행복하다

딸과 아들을 사랑하고 손주도 사랑하고
남편을 이해해 주고 음식 솜씨도 좋고
마음씨도 좋은 복덩이 아내 덕에
온 가족이 행복하게 살아간다

시를 쓰고 시집을 내는 아내를 만나
평생 같이 시를 쓰며 살아가니
부부가 시인인 것이 기쁨이며 즐거움이다

아직도 살아갈 날이 많이 남아있어
아내와 같이 시를 쓰며
가족과 행복하게 사는 삶이
앞으로 더욱더 행복할 것이다

차 례

프롤로그 _ 순례자의 길

봄밤 14

벚꽃 엔딩 16

꽃그늘 18

봄에 떠난 그대에게 20

봄비에 젖는 안산 22

삼월 추위 24

노추 25

낙엽송 26

늦가을이기 때문에 28

아직도 30

여름 장마 32

한여름밤의 슬픔 34

인사동 거리 36

지금은 이대로 38

난 들풀이야 *39*

인생의 완성 *40*

늦은 밤의 산책 *42*

내 어깨를 짓누른다 *43*

청춘은 *44*

가을 *45*

젊은 날 *48*

젊은 날의 추위 *50*

단말마 *52*

결혼 생활 *53*

누구의 인생이든 비는 내린다 *54*

거룩한 일 *56*

자연인 *57*

행복한 인생 *58*

제주 사라봉 *60*

올여름에는 *61*

충전의 시간 *62*

자격 *64*

깊은 슬픔 *65*

어른이 되는 길 *66*

빛바랜 추억 *68*

불면의 밤 *69*

혼돈의 강 *70*

내리사랑 *71*

존재 자체가 기쁨이다 *72*

긍정 마인드 *74*

몰락의 길 *78*

사랑과 열정 *79*

나의 ... *80*

네잎클로버 *82*

사람 *83*

총량의 법칙 *84*

창밖 감나무 *85*

겨우내 새소리 *86*

첫 번째 순례길 *88*

인생의 여정 순례자의 삶 *90*

두 번째 순례길 *91*

우리네 인생 같은 순례길 *92*

길 위에서 *93*

원시의 바람 *94*

지금 여기, 이 순간 *96*

그리스 메테오라에서 울리는 아침 종소리 *98*

금오도 비렁길 *100*

눈 오는 날 *102*

꽃 벽화를 그리는 봄 *103*

나이 들수록 *104*

여행 가이드 *108*

삶의 한순간 *109*

신나는 날 *110*

다시는 *112*

시인은 *114*

불치병 *116*

첫 임플란트 하던 날 *117*

아름다운 사람들 *118*

시 한 편 *120*

밥심 *122*

김장하다 묵은 똥 싸다 *124*

세뱃돈 *126*

해탈 *128*

나의 문학 *130*

902-3915 *134*

2021. 10. 11 *136*

2022. 3. 3 *138*

엄마 돌아가신 지 3년 *140*

하나의 길, 또 다른 시작 *142*

에필로그 *144*

내 걸어온 삶이 순례길이다

봄밤

겨울에
시작한 사랑은
봄이 오는 길목에서 안녕하고

거리마다
환하게 봄꽃이
들불처럼 일렁이는데

안녕하고 돌아선
사랑은 아직도

겨울의 긴 터널에서
빛을 잃고 서성이는데

애꿎은 봄 햇살은
사방을 환하게 밝히며
환장하게 여기저기 꽃불을 놓는다

서럽도록 찬란한 목련은
어둠이 내려도
하얗게 빛난다

봄밤은
그렇게 애꿎게 서럽게 깊어간다

짧지만 길고
길지만 짧은

청춘의 사랑이
꽃향기 속에 저문다

벚꽃 엔딩

누가 그래
벚꽃 엔딩이라고
비바람 한 번에 떨어질 거라고

벚꽃의 마음을
지들이 어찌 알아

꽃 한 송이 피우려고
겨우내 눈보라에 견딘
강단이 있는데

그깟 봄비 한 번에 어림없지

질 때가 되면
알아서
아름답게 낙화하리라

겨울을 견뎌낸
이른 봄꽃은

쉽게
낙화하지 않는다

꽃그늘

꽃그늘에 앉아
꽃들의 향연에 취해본다

화사하고 찬란한 벚꽃은
사진으로 다 담을 수 없어
눈과 마음에 담는다

아기 봄새가
봄꽃과 나뭇가지에 앉아
귀엽게 지저귄다

문득
이 봄을 얼마나 느낄 수 있나
이 아름다운 지구에
얼마나 더 머물 수 있을까 하는
생각이 스친다

그러고 보니
살 날보다 살아온 날이 더 많구나

참 오래도 걸어왔구나

봄에 떠난 그대에게

봄밤에 내리는 눈이
눈물 되어 밤을 적신다

화사하게 핀 벚꽃 날리던 날
그대 황급히 먼 길 떠나던 날

날리는 벚꽃잎처럼
그리 가볍게
그리 홀연히
이 세상과 작별하고 떠난
찬란하고도 처연한 아름다운 봄날
날리는 벚꽃잎처럼 떠난 그대

아직 미련 남아
이 봄날에 봄눈으로 내리는가

아직 그리움 남아
봄눈이 눈물 되어 봄밤을 적시는가

내리는 봄눈이 눈물 되어
이 밤을 적시는데

나 사무치게
그대가 보고 싶다

봄비에 젖는 안산

는개처럼
내리는 봄비에
산의 색채가 짙어졌다

봄비가 붓으로
산 전체를 덧칠 중이다

순서 없이 한꺼번에 핀 봄꽃

개나리와 벚꽃이
한층 짙어진 색으로
산을 물들이고 있다

신비로운 비밀화원처럼
또는 꽃 대궐처럼

풍성한 색깔로
산을 가득 채우고 있다

호젓하게 걷는
내 발걸음도 경쾌하다

삼월 추위

살얼음 살짝 낀
빙판 같은 추위

이 예리한 춘삼월의 추위를
견디지 못하면

봄은 오지 않는다

노추

젊어서는
세상 모든 만물이
거세게 말을 걸어오더니

나이 드니까
세상 모든 만물이
나의 시선을 외면하네

오래된 경첩에서
삐그덕 소리 나는 것처럼

나이 들어가는 내 몸에서도
이따금
비명소리가 난다

낙엽송

가을의 끝자락에
노랗게 물든 낙엽송

진한 주황색으로 변하면
잎이 다 떨어져

생선 살
다 발라진 가시처럼
잔가지만 남으면

겨울이 온다

늦가을이기 때문에

은행잎이 노랗게 깔린
늦가을 종로 거리에서

우연히
당신을 만나
따스한 차 한잔
나누고 싶은 계절입니다

해가 일찍 지는 저녁 어스름에
우연히 당신을 만난다면

붉게 넘어가는 노을을 바라보며
차가운 소주 한 잔을 기울여도
좋은 계절입니다

어디에도 없는 당신
우연이라도 만날 수 없는 당신

오늘은
당신이 그리워집니다

저무는 거리에
가만히 서 있기만 해도

모든
지나간 것이 그리워지는

늦가을이기 때문입니다

아직도

나 아직도
네 이름 석 자에

가슴 깊은 곳에서
잔물결 일으키는 심연이 있다

나 아직도
남에게서 너의 이야기를
들으면 질투가 난다

나 아직도
너를 향한 마음보다도

나의 자존심이
더 먼저인 것은

수십 년의
세월이 흘렀어도
변함이 없다

그럼에도

나 아직
너를 보고 싶다

여름 장마

견우와 직녀는
칠월 칠석 일 년에
한 번이라도 만날 수 있지만

너와 나는
아무런 기약도 없고
우연히 마주칠 기회도 없는
그런 세월을 살고 있다

너무 간절하게 그립고
너무 애절하게 보고 싶은 그 시절

너와 나는
아무런 언약도 없이
그렇게
세월 속으로 흘러갔다

이 여름
견우와 직녀의 눈물인가

끈끈한 여름비가
끊이지 않고 내린다

한여름밤의 슬픔

긴긴 여름 해는
무한정 길고
밤은 짧아

새벽 일찍 찾아온 해는
창가에 들러붙어
겨우 잠든 눈을 찌르고

선잠에서 깬 나는
긴 울음 끝에 깨어나
짧은 여름밤엔
이유 없이 슬프다

한바탕 인생이
한여름밤의 꿈처럼
짧아서인가

해마다 한여름밤에 잠에서 깨면
이유 없이 울고 싶다

아주 서럽게
울고 싶다 여름

인사동 거리

이 거리에 들어서면
약속이 없어도
꼭 누군가를
만날 것 같은 기분이 든다

아주 오래된
그 옛날의 누군가를

이 거리는
모두의 추억이
있는 거리다

좌절과 절망에 찬 폭음
설익은 풋사랑
농익은 마지막 사랑

이 거리는
온갖 푸념, 한탄, 회한이 버무려진
자화상이 있는 곳이다

지금은 이대로

지금은 이대로 헤어지자

연락도 말고
보고 싶다 말하지도 말고
마주 서 바라보지도 말고

모르는 사람처럼
무심하게 지나치자

그렇게 헤어져
오랜 시간이 지나
다시 만났을 때

더 진한 그리움으로
더 간절한 열망으로
다시 만나자

난 들풀이야

밟을수록 살아나고
밟을수록 단단해지고
밟을수록 강인해지지

온갖
비바람 강풍을 견뎌 내고
작고 가냘프지만
풀꽃을 피워 내지

강인한 끈기로
씨앗을 품기 위해

강인한 생명력으로
이 땅에서 살아남기 위해

이생에서
살아 내기 위해

인생의 완성

겨울은
가거나 보내거나가 아니라
견디는 것이다

유난히 길게
느껴지는 계절이
겨울이다

추위와 찬 바람에
끊임없이
견뎌야 하고

우울과 외로움에
끊임없이 시달려야 하는
견뎌 내야 하는

길고 긴 겨울

인생은
겨울의 긴 터널을 지나야
완성되는 것이다

늦은 밤의 산책

죽음이
찾아올 것 같은
서늘한 밤이다

영원으로 가는
발걸음에 비추는
장명등 같은 불빛

밤이 무겁다
어둠이 온통 내 어깨로 내려와
무겁게 짓누른다

어둠이 무거워
밤의 산책이 싫다

낮 동안의 모든 상념이
밤까지 쫓아와
내 어깨를 짓누른다

청춘은

늦은 밤
무교동 골목에
밤눈이 펑펑 내리던 날

까만 밤하늘이
흰 눈에 가려
세상이 온통 하얗게 물들던 밤

청춘은
왜 그리 외롭고 시리고 서러운지

청춘은
왜 그리 암울하고 막막하고 어두운지

밤눈이 하얗게 거리를 뒤덮어도
청춘은 길이 보이지 않고
어둠만이 깊어졌다

가을

색색 옷 입고
오시는 그대
가을

모든 사람이 살아온 길

젊은 날

벌거숭이처럼
아무것도 없던 시절

미래가 보이지 않던
암울했던 그 시절

버틸 수 있던 것은
서슬 퍼런 자존심이었다

나 자신에게
정직했던 시절

사랑 앞에서도
자존심이 먼저였던 난

참
삭막하고 메마른
늦가을의 쓸쓸함과
공허한 시절이었다

젊은 날의 추위

이삼십 대에는
걸어도 뛰는 것처럼 힘들고
계속 끝없는 오르막길을
오르는 것처럼 숨 가쁘던 시절이었다

땀 눈물 추위

사계절 내내
춥던 시절이었다

홀로
비바람 몰아치는 거리에 내몰린 듯
뱃속 깊이 허기처럼 찾아오는
뼈 시린 추운 시절이었다

젊을 때 걸음은 왜 그리 무겁고
땅으로 꺼지는 느낌이었고
걸어도 걸어도 줄지 않는
길고 긴 인생길이었고

마음도 춥고 삶도 춥고
남아있는 긴 인생도 춥기만 하던
젊은 날의 추위

단말마

아내 그리고 엄마, 등등

한 남자를 만났는데
나에게 주어진 타이틀은
여러 개였다

감당하기 힘든 무게였다

이 시절은
오기 치기 독기로 버텨냈다
오로지 깡과 패기로
깡패처럼

암튼
살아 내려고 안간힘을 썼다

마지막 내지르는 비명처럼

결혼 생활

끊임없는
인내 희생 봉사 양보를
요하는 삶

그래서
얻어지는 것

안정과 질서
그리고
세계 평화(?)

누구의 인생이든 비는 내린다

첫 시집 제목이
'누구의 인생이든 비는 내린다'

롱펠로의 '비 오는 날'의 한 구절인데
그 시절엔 이 글귀를 위안 삼아
버텨낸 시절이었다

지금 내가 맞는 이 찬비는
나에게만 내리는 비가 아니라
누구의 인생에도 비는 내리는구나
현실을 자각한 시절이었다

세월이 흘러
작은 나무가 커다란 나무가 되어
무성한 잎을 매달고
시원한 그늘을 만들 듯

아이들도 무럭무럭 자라고
제각각 자리 잡아가면서

비로소
쉼이 찾아왔다
잎이 무성한 나무 그늘에 앉아
비도 피할 수 있는 시절이 왔다

거룩한 일

자식을 낳고
키우는 일은

나만의 삶은 끝나고
나의 모든 인생을
자식과 나누는 일이다

자신의 모든 것을
다 내어주는

거룩한 일이다

자연인

여자도
아내도
엄마도

누구의 딸도 아닌

그냥

사람으로
어디에도 속하지 않은
홀가분한 자연인으로

살 날이 있을까

행복한 인생

하고 싶은 거와
잘하는 것이 있는 사람이
그 일에 평생
올인하고 산다면
지독한 에고이스트이며
열정과 재능이 있는 사람이다

가족이나 주변 환경에
개의치 않고 오로지
한 길만을 걷는 사람

그 일이 업이 되는 사람은
지독한 에고이스트이며
지독하게 행복한 인생이다

나는 지독한
에고이스트도 안 되고
열정에서도
밀린 인생이다

제주 사라봉

제주 올레길 18코스
사라봉을 걷다가

걸어온 길을
뒤돌아봤을 때

걸어온 길이
숨 막히도록
아름다웠다

내 걸어온 길을
뒤돌아봤을 때

사라봉처럼
아름다웠으면 좋겠다

올여름에는

행복해지려고
좋은 와인이랑
샴페인을 샀다

백화점 가는 길에
정발산 숲을 지나는데
진하고 달콤한
아카시아 향이
코끝에 스며든다

봄이
이르게 가고

여름이
성큼 다가선다

아직 오월인데

충전의 시간

남편은
새벽 비행기로 김해 강의 가고

나는
어제 은평구에 있는 이말산을 걷고
수영장에 들러 삼십 분 수영하고 와서

불고기 상추쌈으로 저녁을 먹고
아주 곤하게
깊은 잠을 자고 일어나

아침 겸 점심으로
토마토스파게티를
샴페인 한 잔과 먹었다

혼자 있는 여유로움과 한적함이
나를 충전하는 시간이다

가장 절실한 시간이기도 하다

자격

자기 삶의 자리에서
인생의 무게를 견디며
우는 군상들

자기가 열망하는 일을 위해
자기가 사랑하는 사람을 위해

울어본 자만이
웃을 수 있다

깊은 슬픔

자식이
부모 앞에서
우는 것도 가슴 아프지만

부모가
자식 앞에서
눈물을 보이는 것은

세상 깊은
슬픔이다

세상 깊은
아픔이다

어른이 되는 길

어른이 된다는 것은
나이를 먹는다는 것은

잔소리를 한다거나
가르치려고 한다거나
훈계를 한다는 것이 아니다

내가 걸어온 길을
걸어오는 젊은 사람에게
아는 척을 하는 게 아니라

그냥
기다려 주는 거
바라봐 주는 거
스스로 깨치기를

그게
어른이 되는 길이 아닌가
어른이 하는 일은 아닐까

빛바랜 추억

낡은 사진첩 속의
희미한 흑백사진 같은
젊은 날의 추억

이젠
추억조차 낡아버려
기억마저 희미하다

불면의 밤

텅 빈 노트를
앞에 놓고 느꼈던 갈망 갈증

막막함에 밤을 지새우며
한 줄도 채울 수 없어

등골이 서늘하도록
절망감에
충혈된 눈동자로

새벽을 맞던
젊은 날의 몸부림

혼돈의 강

누구에게나
혼돈의 강에 빠져
허우적거리며
헤어 나오지 못하는
시기가 있다

내리사랑

더 많이
사랑하는 사람이 지는 거다

자식 이기는
부모 없다

존재 자체가 기쁨이다

내 그늘에서
쑥쑥 자라는 자식을 보면
밥을 안 먹어도 배부를 것 같고

내 그늘에서
행복해하는 자식을 보면
가슴에 푸른 나무 한 그루
심어놓은 것처럼
뿌듯하게 벅차오른다

나 세상에 태어나
무슨 업적이나 이름 석 자 알리는 일 없어도
세상에 나 닮은 자식 하나
떨구어 놓은 것만으로도 가슴이 벅차다

하루가 다르게 크는 손주를 보며
자식보다 더 예쁜 것이 없는 줄 알았다
자식보다 더 빛나는 것이 없는 줄 알았다
자식보다 더 귀한 것이 없는 줄 알았다

더 예쁘고
더 빛나고
세상 무엇과도 바꿀 수 없는 귀한 것이 생겼다

한눈에 담아도 모자란 손주
존재 자체가 기쁨이다

긍정 마인드

살면서
놓는 법을 배우는 것도 중요하다

살면서
비우는 법을 배우는 것도 중요하다

살면서
버리는 법을 배우는 것도 중요하다

내 손에
쥐어야만 내 것이 되는 것이 아니다

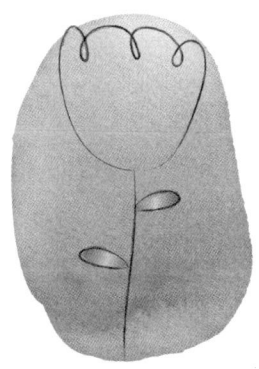

모든 사람이 걸어온 삶

몰락의 길

생활이
부족하고 어렵고 힘들면
치열하게 노력하고 사는데

다 갖추고 넘쳐나는 환경에서는
노력할 필요도
치열할 필요도 없다

그래서
삶이 따분하게 된다

긴 인생
따분하다 보면
재미없는 삶을 살게 되고

스스로 몰락의 길을 걷게 된다

사랑과 열정

세상에
모든 꽃이 피듯

사람 마음마다
각각의
사랑과 열정이 있다

그래서
인류는 쭉 이어진다

나의 …

나의 무심함은
나의 섬세함을 지키기 위한 보호막이다

나의 무관심함은
나의 내면의 연약함을 감추기 위한 보호술이다

나의 당당함은
홀로 헤쳐 나가야 할 세파에 맞서기 위한 방패다

나의 씩씩함은
홀로 서야 하는 외로움을 감추기 위함이다

나의 단호함은
끊임없는 유혹에 넘어가지 않기 위함이다

차갑고 야박한 세상에서 받은
내면의 상처를 치유하기 위해
세상 속에서 배운 처세술이다

지금은
심장에 굳은살이 박여
웬만한 일들은 그저
사소할 뿐이다

네잎클로버

주변에
자잘한 행복이
널려 있는데도

누리지 못하고

행운만
찾아 헤매는
수많은 군상

사람

모두에게
좋은 사람은 없지만

누군가에게
좋은 사람은 있다

총량의 법칙

평생 살면서
나눠서 져야 할 짐을
인생의 무게를
한순간에

집중적으로 감당해야 한다면
펑크가 날 수도 있다

그것도
아직 모진 비바람을
견뎌낼 힘이 없는
어린나무들에는

창밖 감나무

겨우내
감나무 꼭대기에
달린 감을 쪼아먹으러 오는
온갖 새들 때문에
나무 잎새 다 떨어진
삭막한 정원 숲에서
새소리 끊이지 않는다

겨우내 새소리

김치 담그고 남은 무청을
베란다 창문 밖 난간에 널어놓았다

그해 겨울은
유난히 새소리가 많이 들렸다

넓은 베란다 창으로
겨울의 짧은 해가
맑고 경쾌한 새소리와 함께
거실 가득 채우던 좁지만 따스한 겨울이었다

널어놓은 시래기로
고등어조림을 하려고
베란다 창문을 열고 시래기를 걷으려는데
앙상한 줄기만 남아 있었다

창턱에는 말라붙은 새똥만 가득했다
한겨울에 무슨 새가
이리 가까이 우나 했더니
시래기 이파리 쪼아먹느라
그렇게 조잘거렸나 보다

시래기 대신 겨울에 새소리는 실컷 들었다
이른 봄처럼

첫 번째 순례길

성찰하고 반성하고
인내하고 희생하고
포기하고 분노하고
억울하고 애통하고
감사하고 기도하며

살아온 세월이

긴 여정의 순례길이었다

인생의 여정 순례자의 삶

길을 걷다 보면
시처럼 짧고 예쁜 길이 있고

수필처럼 조곤조곤 속삭이듯
편한 길이 있고

소설처럼 길고
가끔은 지루하고
혹은 편안하고 고른

또는 모진 풍파 몰아치듯
험난한 길이 되기도 하는
삶이 인생길이다

모든 사람의 인생길이
순례자의 삶이다

두 번째 순례길

첫 번째는 인생 1회 차로
멋모르고 걸었고

두 번째는
한 번 걸어본 길

인생 새로 살아보듯
여유롭게 음미하면서
걸어보고 싶었다

그러나 인생 2회 차는
허락되지 않았다
두 번째 인생은 없었다

다시 주어지는
인생은 없다

우리네 인생 같은 순례길

나이 든 사람에게는
온갖 풍파를 헤치고 살아온
내가 걸어온 길이고

젊은 사람에게는
걸어야 할 길이다

순례길을 걷는 젊은 사람은
앞으로 살아야 할
힘과 용기와
인내와 지혜를 주는 길이다

길 위에서

길 위에서
삶을 배운다

인생이
길 위에 있다

산티아고 순례길은
모든 사람이 걸을 수 있는
지극히 평범한 길이다

길을 걸으며
삶을 배운다

인생이
길 위에 있다

원시의 바람

리스본에서 포르투 가는 길에
잠시 들린 휴게소

푸른 잎새가 무성한
플라타너스 나무 아래서
노천 의자에 앉아
바람 소리를 듣는다

구름 한 점 없이 파란 하늘
그 하늘 아래 오래된
플라타너스가 바람에
온몸을 맡긴 채 춤을 추고 있다

대서양을 타고 불어오는 바람
순수한 바람
원시의 바람
몸속의 모든 노폐물이
바람에 씻겨 나간 듯

머릿속 온갖 잡동사니가
바람에 날려간 듯 상쾌하다

바람이 명품이다

지금 여기, 이 순간

포르투갈 순례길 시작 지점인
마토지뉴스에서 세요(sello) 도장을 찍고

대서양 연안의 모래 해변을
걸으며 순례자의 첫걸음을 시작한다

왼쪽으로 대서양을 끼고
끝도 없이 이어진 데크를 따라 걷는다

간간이 부서지는 흰 파도가 없다면
어디가 바다고 어디가 하늘인지
구별 없이 파란 바다와 파란 하늘이
끝도 없이 이어지는 길

바다가 지루해질 때쯤이면
유칼립투스가 우거진 숲길을 걷는다

소나무 숲으로 이어진 해변을 따라
공원을 지나고 강 하구에 도착한다

오래된 성당도 만나고
잠시 성당에 들어가 기도를 한다

지금 여기 이 순간 이곳에서
기도할 수 있음에 감사한다

그리스 메테오라에서 울리는 아침 종소리

아침 일곱 시
공중에 떠 있는 수도원에서
종소리가 울린다

곧이어
다른 수도원에서도 종소리가 울린다

여섯 개의 수도원에서
각기 다른 종소리가
연달아 여섯 번 울렸다

남편은
시계가 조금씩 틀린다고 했다

나는
순서대로 울리는 거라고 했다

이렇듯 사람마다 생각이 다르다

생각이 다른 사람들의 머리 위로
종소리가 은혜처럼 내려온다

금오도 비렁길

바위에 쉼 없이 몰려와
부딪히는 파도 소리를 들으며

끝없이 이어지는 동백나무숲으로 이어진
비렁길을 걷는다

간간이 피었다 떨어진
동백꽃이 수놓아진 비렁길

비렁길 아래
끊임없이 들리는 파도 소리

속세를 떠나온 듯 맑아진 마음
순간 신선이 된 듯하다

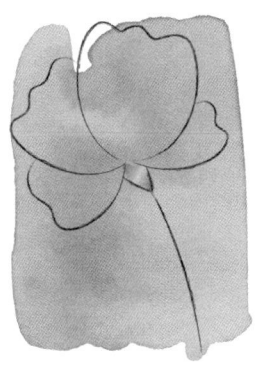

눈 오는 날

싸락눈이
부드럽게 쌓인다

화가가
온 세상에
섬세한
붓질을 한다

꽃 벽화를 그리는 봄

철쭉을 심은
빌라 담장에
철쭉이 피어
꽃 벽화를 그려 놓았다

나이 들수록

칠십 년을 살았더니
세상살이가 훤히 보인다

그래서
나이 들수록
삶이 시들해 보이는구나

이것이 순례자의 길이다

여행 가이드

가이드라는 직업은
마음을 조금씩 잃어버리는 직업이다

무수히 많은
짧은 만남과 이별을
반복하는 일이기 때문에

가이드라는 직업은
잃어버린 마음을 조금씩
채워가는 직업이다

또다시 많은
만남을 반복하는 일이기 때문에

삶의 한순간

긴 인생을 살다가
어느 순간 반짝이는 순간이 있다

잠깐 도취하려는 순간
삶이 태클을 걸 때가 있다

가볍게 농처럼 걸 때도 있고
휘몰아치는 광풍으로 걸어올 때가 있다

거기서 인생이 갈라진다

회복할 만큼 아니면
영영 회복할 수 없을 만큼

걷다가 삐끗하는 순간
걷다가 넘어지는 순간

신나는 날

눈이 펑펑 쏟아진다

종로 보신각에 약속이 있어
눈보라를 뚫고 거리로 나선다

마침
약속 시간에 맞춰
기다렸다는 듯

눈이 펑펑 쏟아진다

눈이나 비가 오면
외출을 안 하는데

오늘은 오랜만에
눈 속을 뚫고 종로로 간다

어린 시절 코 흘리며
눈밭에서 같이 놀던 친구들을
만나는 신나는 날이기 때문이다

다시는

이 세상에 태어날 때
빚 갚으러 오는 사람
빚 받으러 오는 사람이 있다

난 빚 갚으러 온 사람이다

한순간
한고비
한평생
노력 없이 이루어진 게 없으니까

그래서

이 세상에
손님처럼 왔다가는 마음으로 산다

매사 조심
예의 지키며 산다
망가지지 않게
오염되지 않게

내가 진 빚 다 갚고
다시는
이 세상에 오지 않게

시인은

시인은
글씨로 그림 그리는 사람이다

시인은
찰나를 영원으로 만드는 사람이다

시인은
고통도 기쁨으로 승화시키는 사람이다

시인은
절망도 희망으로 바꿀 수 있는 사람이다

시인은
항상 깨어있는 사람이다

그래서
시인은 항상 힘들다

불치병

마음 한편에
자리하는 문학이 있어

세상 다른 어떤 것들에
올인이 안 된다

사랑조차도

가슴 깊이 뿌리내린 문학 나무가
중심에 있어

다른 모든 세상사가
무심하고 시들한 것이

나의 불치병이다

첫 임플란트 하던 날

나이 먹는 것은 좋은데
하나둘씩 고장 나
고쳐 써야 하는 게 슬프다

그냥 타고난 그대로
살다 가면 좋을 텐데

아름다운 사람들

배에서 쌀밥을 먹기에
이 배를 타면
쌀밥을 먹을 수 있냐고 물었더니
배 타면 쌀밥을 먹게 해 준다고 해서
열네 살에 배를 탔는데 정말 끼니마다
쌀밥을 해줘서 쌀밥 먹는 재미에
힘든 줄 모르고 배를 탔다는 선장님

그 세월이 사십 년

얼마나 인간적인 말인지

인생이란 이런 것이다
거창한 게 인생이 아니라
자기에게 주어진 삶에 맞게
최선을 다해 사는 것

자기가 발 디딘 곳에 뿌리내려
평생을 일구는 사람들

아름다운 사람들이다

시 한 편

무심한 듯
사는 게 모토

감정의 동요 없이 사는 거
일희 일비 일노 일애 없이

꼭꼭 누른 감정 사이로
졸졸 흐르는 물을 받듯이

한 줄 한 줄
써 내려간
시 한 편

밥심

가수 진성은
부르는 곡 대부분의 가사를 직접 쓴다
부르는 곡마다 그가 살아온 히스토리가
절절하게 녹아 있다

특히 보릿고개 가사는
들을 때마다 가슴을 울린다

풀피리 꺾어 불던 슬픈 곡조는
어머님의 한숨이었소

풀피리 꺾어 불던 슬픈 곡조는
어머님의 통곡이었소

나는 다행히 서울 한복판에 살아서
보릿고개까지는 몰라도
넉넉지 않은 살림에 들던

엄마의 한숨 소리에
일찍 철이 들었고 일찍 어른이 되었다

먹을 것이 없어서 초근목피로 허기를 때우던
시절이 불과 몇십 년 전인데
지금은 먹을 것이 넘쳐서
다이어트 시대를 살고 있다

마치 쌀이 비만의 원흉인 것처럼
밥을 멀리하고 있다

추수가 끝난 늦가을이면
강화도 교동에 햅쌀을 사러 가는 나는
시대를 역행하는 것인가

윤기가 흐르는 쌀밥을
겨우 내내 지어먹는 나는 밥심이다

김장하다 묵은 똥 싸다

살면서 먹고 사는 것 중에
집착하는 몇 가지가 있다

그중 김치는 꼭 담가 먹어야 하는데
김장 때마다 좋은 배추 고르는 게
가장 큰 일이다

어느 해 김장은
배추밭에 배추를 사러 갔다

밭에서 배추를 뽑아 와서
김장을 했다

얼마나 힘들었는지
김장 끝나고
한밤중에 화장실에서
배가 푹 꺼지도록
오래도록 똥을 누었다

점점 집착하는 자신을 바라보며
이러면 안 된다고 하다가
아직은 할 수 있는 힘이 있으니까
언젠가 하고 싶어도 못 할 날이 올 테니까
할 수 있을 때까지만

세뱃돈

설 전날이면
아무도 없을 때
아버지가 세배 먼저 하라고 했다

세배 먼저 받고
오백 원 지폐를 줬다

설날에는 일가친척 다 모여
세배를 하면
똑같이 세뱃돈을 주니까
딸내미한테는 더 주고 싶은 거였다

가끔 다른 형제 모르게
용돈도 줬다
내 주머니는 빈 적이 없었다

덕분에 살면서 어려워도
주머니가 텅 빈 적이 없었다

넘치게 살지는 않았어도
없는 가운데서도 모자람은 없었다
아버지가 어려서 챙겨준 쌈짓돈 덕분이었다
아버지의 깊은 사랑 덕분이었다

아버지 가신 지 이십여 년
아버지 그립습니다
꿈에서라도 한번 뵙고 싶습니다

해탈

결혼 초 이십 대 후반에
삶이 너무 힘들어
태어나 처음으로 점을 봤다

점쟁이가 하는 말이
내 팔자가 그렇다는 것이다

아무리 노력해도 허사라고
끝이 없는 삶이라고
끝내는 못 산다고
지금이라도 벗어나라고

그때 깨달았다
내 탓이라고
그럼, 끝까지 가보자
내 탓이라는데

누굴 탓 하나
내 팔자 내 운명 내가 책임지고 가자
그 말 듣고 막힌 속이 뻥 뚫렸다
내 탓이라는데… 그냥 가자

그때 깨달은 것이 해탈이 아니었을까
이치를 풀어 고통에서 벗어났으니

나의 문학

나는 내 문학을 생각하면 눈물이 난다
이루지 못한 꿈이라 슬프다
외골수 짝사랑이어서 가슴이 아팠고
첫사랑이어서 애달팠다

작은 몽상가였던 나는
문학이라는 소중한 비밀을 가슴에 품었다
문학 외에는 그 어느 것도 무의미했다

막연하게 우울과 고독과 적막함을
감지하며 사춘기를 맞았다

중학교 무시험 첫 사례로
마음에도 없는
신설 중학교를 배정받아 3년 내내
적응 안 되는 시간을 우울하게 보냈다

도피하다시피 독서에 빠져들었다
나의 십 대는 세계문학 속에 파묻혀 보냈다
책 속에서 사랑을, 인생을 배웠다

나에게 문학은 이상이었다
아직도 버리지 못한 꿈
평생 흔들리지 않게 버팀목이 되어주는 꿈

평생 꿈꾸다
끝나 버릴지도 모를 꿈

그러나
그 꿈의 언저리에서
서성이고 있는 것만으로도
위안이 되는 꿈

나의 글쓰기는
오로지
나의 만족에서 시작이고 끝이니까

902-3915

기억이 희미해지며
서서히 지워지는 머릿속에서
딸의 전화번호는 기억하는 엄마

왜 안 데리러 오니
복지관에 나 혼자 있어서 무서워

집에서 전화하며
복지관이라고
혼자 남아있다고
데리러 와 달라고
매일 전화하던 엄마

한 번쯤이라도
데리러 간다고 하고
엄마 집에서 한 침대에 누워
하룻밤이라도 손 꼭 잡고 자고 올 걸

그때는 왜 그런 생각을 못 했을까
지금, 이 순간
깊은 회한으로 남아있다

꼭 한번
안아보고 싶다
손 한번 잡아보고 싶다

2021. 10. 11

2021년 10월 11일
1930년생 박종학 여사 92세

은행잎이 노랗게 깔린 가을날
삼송에 있는 요양원에 입원시키다

도로 위에 떨어진 은행을 밟으면
똥 냄새 난다고 조심하라고 하면서도

불안한 얼굴로
나 버리러 가는 거야
어디로 가는 거야
묻는 말에 아무도 대답을 못 한다

마음속 깊이 울음이 치솟아 오르는데
꾹꾹 눌러 담는다

치매가 심해지는 엄마
요양원에 버리는 딸은 울 자격도 없다
버리고 오면서 흘리는 눈물은 위선이다
울음을 꾹꾹 눌러서인지
자꾸 오줌만 마렵다

너무 슬프다는 말도 할 수 없다
그냥 가슴속 깊이
묵직한 슬픔만 차오른다

치솟아 오르는 울음을
꾹꾹 눌러 담는다

2022. 3. 3

은행잎 노랗게 깔린 시월에
요양원 들어간 엄마는
겨울을 지나 봄이 오는 길목에서
주검으로 요양원에서 나왔다

코로나 시국이었다

요양원 유리문으로
휠체어 타고 들어간
모습이 마지막이었다

유리문을 사이에 두고
두 손을 마주 대 보는 것이 전부였다

방역 지침에 따라
엄마의 주검도 못 본 채
화장을 했다

뼛가루로 마주한 주검
뼛가루에서 나온 검게 그을린
치아 충전재로 엄마임을
확인하는 것이 전부였다

엄마 돌아가신 지 3년

아직도 엄마 사진을 못 본다

넘실거리는 둑이
언제 터질지 모르는 느낌

엄마 돌아가시고 아직 울지 못했다
울고 싶은데
막 울고 싶은데 못 우는 거다
울면 정말 깊은 상실감에 빠질 것 같다

애써 참는 것도 아닌데
울고 싶은데
목까지 슬픔이 차오르는데
울 수가 없다
눈물이 안 나온다

나는 아직 엄마의 죽음을
받아들이지 못하고 있다
내 의식 속에
내 마음속에

내 삶 속에
엄마는 아직 살아있다

하나의 길, 또 다른 시작

여섯 번째 시집을 넘기고 나니
뭔가 허전하다
내 몸에서 중요한 뭔가
빠져나가는 듯한 느낌

텅 빈 몸과 마음이랄까
식욕조차 사라지고
공중 부양하는 기분이다

서글프기도 하고
허무하기도 하고

하나를 이룬 것 같은데
또 하나를 잃어버린 느낌

고약함도 아니고
불쾌함도 아닌데…
다시 또 시작이다
지금부터 책을 읽어야지
부지런히 샘물을 파야
물을 퍼 올릴 날이 또 오겠지

하나의 끝
또 다른 시작
이제부터 다시 1일이다
일곱 번째 시집을 향해

에필로그

칠십 년의 여정을 돌아보며
일곱 번째 시집을 냈다

짧게 또는 길게
서사와 서정 사이를 오가며

개인적으로 남기고 싶은
이야기도 진솔하게 썼다

이번 시집이 마지막일 수도 있으니까

이젠
문학이라는 나무에서 내려오고 싶다
머릿속을 깨끗하게 비우고 싶다

이젠
길었던 짝사랑을 그만하고 싶다

세상엔 사랑할 것이 너무 많다
다른 곳으로 눈을 돌리고 싶다

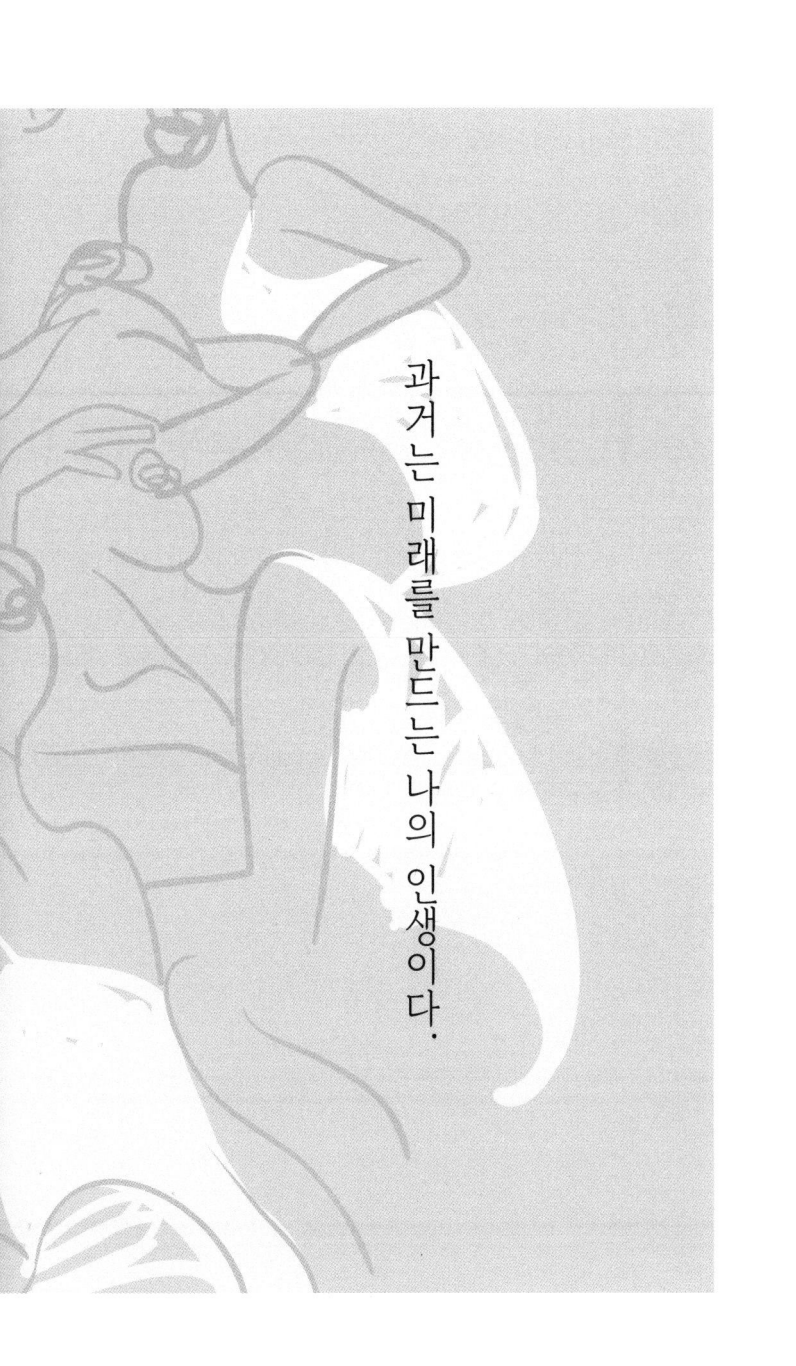

과거는 미래를 만드는 나의 인생이다.

[제1시집]

누구의 인생이든 비는 내린다

눈물을 가슴에 담은 이들에게

무심코 바람이 불어와
눈물샘을 건드린다

구름이 비가 되어 내리듯
서러움과 한 서린 시름이 모이면
눈물비가 내린다

흐느낌도 없이
서러운 눈물이 주르르 흐른다

황량한 겨울 숲처럼
남아있는 삶

살아 있는 한 끝은
또 다른 시작이다

'누구의 인생이든
어느 정도의 비는 내린다'고

사람은 모두
자기 자신을 위해서 운다

          1996. 봄

[제2시집]
너를 찾아가는 길

글자를 나열하기에 따라
아름다운 문장이 될 수도
추하고 더러운 문장이 될 수도 있다
글자를 어떻게 섞어 쓰느냐에 따라
희망이 될 수도 절망이 될 수도 있다
그것이 글자의 운명이다

아름답고 희망적인 글을 쓰고 싶다

겨울 없이 봄이 오지 않듯이
빈 가지로 남아 겨울을 견디어 낸
나무만이 아름다운 꽃을 피울 수 있듯이
절망과 고통 없이 이루어지는 인생은 없다
그것이 인생의 길이다
그 인생의 길을 가다 보면 거기
어느 한순간에 희망을 만날 수 있다

그때 나의 시도

아름답고 희망적인 언어로 채워질 수 있을 것이다

그 길을 걸어가는 과정이

내 글쓰기의 시작이다

                                                    1998. 봄

[제3시집]
그래서 나는 행복하다

세 번째 시집을 준비하는 동안
내내 행복했다
써 놓은 시를 정리하면서
새로운 시를 쓰면서
과거 현재 미래를 넘나들었다

살아온 자취가
다 즐겁고 행복하지는 않았지만
지나고 보니
다 아름다웠다는 생각이다

올해는 여행을 많이 다녔다
여행 탓인지
나이 탓인지
세상을 바라보는 눈이 많이 달라졌다

사람 사는 세상이
그 세상 속 군상들의 모습이
아름다움으로 다가왔다
인제야 세상과의 의사소통이
이루어진 것 같다

세상과의 오랜 불화를
끝내고 보니
삶이 아름다워 보인다

삶은 아름답다
삶 속에 숨겨진 의미는 더 아름답다
그 숨겨진 의미의 아름다움을
찾아내는 작업
그런 작업을 치열하게 하고 싶다

그래서 나는 행복하다

2000. 늦가을

[제4시집]
그대가 있어 행복합니다

그대가 있어 행복합니다

너무 현학적이라 시감이 떨어지는
너무 관념적이라 교감이 떨어지는
그런 시가 아니라

내 마음 같은
내 고뇌 같은
내 사랑 같은
내 인생 같은

그런 시로
읽는 이의 가슴을 두드리는 시

닫힌 마음을 살며시 열어주는 시
굳어진 마음을 부드럽게 녹여주는 시

그리하여
마음이 착해지는 시
마음이 따스해지는 시
마음이 아름다워지는 시

그래서
사람들의 마음이 행복해지는 시

그런 시를 쓰고 싶다

2004. 가을

[제5시집]

꽃이 진 자리

"자기 자신에게
진실을 말하는 것은 고결이요

다른 사람에게
진실을 말하는 것은 정직이다"

　　　　　　　　　　- 스펜서 존슨

좌우명으로 정하고
살아왔고 시를 써 왔다

그래서 때론
나의 솔직함이 누군가에게
돌직구가 되기도 했을 것이다

그저 우둔한 마음에

나 진실해지자고
나 정직하자고

본의 아니게
상처받았다면

부디 이해해 주시기를

아무 의미 없었다고

                    2014. 봄

[제6시집]

소소한 일상, 시가 되다

사람이 살다 보면
자존심이냐 타협이냐

명예냐 불명예냐
갈림길에 설 때가 있다

나는 사랑 앞에서조차

나의 자존심이 먼저였다
(어리석게도…)

그것이 주는
실질적 이득은 없다

그러나
나 스스로에게
당당한 삶을 지향하는 것이
내가 사는 힘이다

그것이 내 글쓰기의 원천이다

				2017. 가을